SUPER FACILE
Plats de légumes

Véronique Liégeois

Photographies et stylisme
Amandine Honegger / Sylvie Rost

SOLAR EDITIONS

ÉDITO

Vous débutez en cuisine ? Vous êtes pressé par le temps ou disposez de moyens limités ? Vous voulez apporter de la fraîcheur à vos assiettes ? Vous ne manquerez plus d'idées pour faire face à tous les impératifs et toutes les occasions du quotidien.

Véronique Liégeois, diététicienne-nutritionniste, a imaginé pour vous 90 recettes super faciles de plats de légumes, avec ou sans viande. Elle vous offre dans ce livre ses secrets pour parvenir à l'équation idéale d'une cuisine saine vraiment simple et rapide, ou comment, avec peu d'ingrédients et aussi peu d'étapes, proposer des recettes variées et originales.

Découvrez ainsi l'essentiel pour élaborer des soupes et salades repas, des petits plats complets et équilibrés, des assiettes gourmandes pour les enfants, tout en privilégiant les produits de saison. Déclinez vos envies de légumes avec des recettes qui redonneront du goût à votre cuisine de tous les jours.

Quand simplicité et saveur sont au rendez-vous, cuisiner devient...

... super facile !

SOMMAIRE

SOUPE de carottes au fenouil

Pour 4 personnes

Préparation : 20 min

Cuisson : 25 min

4 carottes

2 pommes de terre à chair farineuse

1 bulbe de fenouil

1 gousse d'ail

1 pincée de graines de fenouil

sel et poivre

Notes :

1 Pelez et lavez les carottes et les pommes de terre. Rincez le fenouil. Coupez les légumes en petits morceaux. Pelez la gousse d'ail.

2 Portez à ébullition 1,2 l d'eau. Ajoutez les légumes coupés, l'ail, les graines de fenouil. Salez et poivrez. Couvrez et laissez cuire 25 minutes à feu doux.

3 Mixez le potage. Dégustez chaud.

Encore plus parfumé : ajoutez un filet d'huile d'olive au moment de servir.

SOUPE de fanes de radis

Pour 4 personnes

Préparation : 20 min

Cuisson : 25 min

les fanes bien fraîches d'1 grosse botte de radis

2 pommes de terre à chair farineuse

1 oignon

10 brins de persil plat

1 noix de beurre frais

1 pincée de noix de muscade râpée

sel et poivre

Notes : ....

1 Lavez les fanes de radis, éliminez les feuilles abîmées. Pelez, lavez et coupez l'oignon et les pommes de terre en morceaux. Rincez et effeuillez le persil.

2 Portez à ébullition 1,2 l d'eau. Ajoutez les fanes de radis, les pommes de terre, l'oignon, le persil. Salez, poivrez, ajoutez la noix de muscade.

3 Couvrez et laissez mijoter 25 minutes à feu doux. Mixez le potage, rectifiez l'assaisonnement et ajoutez la noix de beurre au moment de servir.

Une soupe super économique !

SOUPE
à l'ail

Pour 4 personnes

Préparation : 10 min

Cuisson : 25 min

8 gousses d'ail rose

1 brin de thym

1 feuille de laurier

3 feuilles de sauge

1 tablette de bouillon de légumes bio

4 tranches de pain de campagne

1 cuil. à soupe d'huile d'olive

sel et poivre

Notes : ....

....

....

1 Portez à ébullition 1,2 l d'eau, avec le thym, le laurier, les feuilles de sauge rincées et la tablette de bouillon.

2 Pelez les gousses d'ail. Ajoutez-les au bouillon. Salez, poivrez, couvrez et laissez cuire 20 minutes à feu doux. Rectifiez l'assaisonnement.

3 Faites griller les tranches de pain, coupez-les en morceaux et disposez-les dans quatre assiettes creuses. Répartissez le bouillon filtré dans les assiettes. Ajoutez quelques gouttes d'huile d'olive et dégustez aussitôt.

Utilisez de l'ail rose, doux et parfumé.

SOUPE de potimarron et châtaigne

Pour 4 personnes

Préparation : 15 min

Cuisson : 15 min

1 potimarron

1 petit bocal de châtaignes au naturel

1 oignon

2 cuil. à soupe de crème fraîche épaisse

5 brins de persil plat

sel et poivre

Notes :

1 Lavez le potimarron, coupez-le en petits dés. Éliminez la queue et les graines. Rincez et égouttez les châtaignes, pelez et découpez l'oignon.

2 Mettez le potimarron, l'oignon et les châtaignes dans 1,2 l d'eau bouillante, salez et poivrez. Couvrez et laissez cuire 15 minutes.

3 Mixez, ajoutez la crème et le persil rincé et haché. Dégustez chaud.

Inutile de peler le potimarron car sa peau fine est consommable !

SOUPE de carottes curry-coco

Pour 4 personnes

Préparation : 20 min

Cuisson : 20 min

6 carottes

1 oignon

1 courgette

1 branche de céleri

1 cuil. à café de curry indien

15 cl de lait de coco

sel et poivre

Notes :

1 Pelez et lavez les carottes et l'oignon. Coupez-les en morceaux. Lavez la courgette, découpez-la en rondelles. Rincez la branche de céleri, coupez-la en petits tronçons.

2 Mettez les légumes dans 80 cl d'eau bouillante. Salez, poivrez, ajoutez le curry. Couvrez et laissez mijoter 20 minutes.

3 Mixez, ajoutez le lait de coco et rectifiez l'assaisonnement si nécessaire.

Dégustez chaud accompagné d'un naan indien aux graines de nigelle.

BOUILLON
express au gingembre

Pour 4 personnes

Préparation : 10 min

Cuisson : 15 min

400 g de julienne de légumes surgelée

1 morceau de gingembre frais de 3 cm

1 pincée de piment

1 tablette de bouillon de volaille

3 cuil. à soupe de sauce soja

quelques brins de coriandre fraîche

poivre

Notes : ....

1 Pelez et coupez en tranches le gingembre. Portez à ébullition 1 l d'eau, ajoutez la tablette de bouillon, la sauce soja, le piment et un peu de poivre.

2 Ajoutez le gingembre et la julienne de légumes surgelée. Couvrez et laissez cuire 15 minutes à feu moyen.

3 Retirez le gingembre et servez chaud, avec la coriandre rincée et effeuillée.

*Ajoutez quelques **lamelles de poulet** en fin de cuisson pour une **soupe** plus **complète**.*

SOUPE
d'été à la tomate

Pour 4 personnes

Préparation : 20 min

Cuisson : 20 min

- 6 belles tomates mûres
- 1 oignon
- 1 gousse d'ail
- 1 pomme de terre à chair farineuse
- 10 feuilles de basilic
- 1 poignée de pignons de pin
- sel et poivre

Notes : ....

....

....

1 Plongez les tomates dans l'eau bouillante pendant 3 minutes. Passez-les sous l'eau froide et pelez-les. Coupez-les en dés en récupérant le jus.

2 Pelez et rincez la pomme de terre et l'oignon, coupez-les en morceaux. Pelez l'ail. Portez à ébullition 1 l d'eau et ajoutez les tomates, la pomme de terre, l'oignon, l'ail. Salez et poivrez, couvrez et laissez cuire 20 minutes.

3 Mixez, ajoutez le basilic rincé et ciselé et les pignons de pin grillés.

*Encore plus simple : **remplacez** les **pignons** par des **croûtons** du commerce.*

CRÈME
d'endives au comté

Pour 4 personnes

Préparation : 15 min

Cuisson : 20 min

4 endives

1 oignon

1 pomme de terre à chair farineuse

1 cuil. à soupe d'huile d'olive

1 tablette de bouillon de volaille

2 cuil. à soupe de crème fraîche épaisse

60 g de comté râpé

poivre

Notes : ....

....

....

1 Rincez
les endives, coupez-les en tronçons. Pelez et rincez l'oignon et la pomme de terre. Coupez-les en morceaux.

2 Faites revenir
les endives, la pomme de terre et l'oignon dans une cocotte avec l'huile d'olive pendant 5 minutes en remuant. Ajoutez 1 l d'eau et le bouillon de volaille. Poivrez. Couvrez et laissez mijoter 20 minutes.

3 Mixez,
ajoutez la crème fraîche et le comté râpé. Mélangez et servez très chaud.

La touche finale :
ajoutez une pincée de noix de muscade râpée.

SOUPE *toute verte au bacon*

Pour 4 personnes

Préparation : 15 min

Cuisson : 20 min

1 brocoli

2 poignées de pousses d'épinards

200 g de petits pois surgelés

1 oignon

4 fines tranches de bacon

2 cuil. à soupe d'huile d'olive

sel et poivre

1 Rincez le brocoli et prélevez-en les fleurettes. Rincez et essorez les pousses d'épinards. Pelez et coupez l'oignon en morceaux. Portez à ébullition 1 l d'eau dans une cocotte.

2 Ajoutez les fleurettes de brocoli, les pousses d'épinards, l'oignon et les petits pois. Salez et poivrez. Couvrez et laissez cuire 20 minutes.

3 Faites dorer les tranches de bacon dans 1 cuillerée à soupe d'huile d'olive bien chaude, pour qu'elles deviennent croustillantes.

4 Mixez le potage, versez dans des bols. Ajoutez 1 tranche de bacon et quelques gouttes d'huile d'olive.

*Encore plus **rapide** : utilisez uniquement des **légumes surgelés** !*

Notes : ....

....

....

SOUPE GLACÉE
de concombre au crabe

Pour 4 personnes

Préparation : 15 min

2 concombres

2 oignons nouveaux

1 gousse d'ail

1 boîte de miettes de crabe

1 cuil. à soupe de purée d'amandes blanches

1 cuil. à soupe d'huile d'olive

5 brins de coriandre

sel et poivre

Notes : ....

1 Pelez, rincez et coupez les concombres en gros dés. Rincez et coupez les oignons nouveaux en morceaux. Pelez l'ail, rincez la coriandre. Égouttez le crabe.

2 Passez au mixeur les concombres, l'ail, les oignons, la purée d'amandes et l'huile d'olive afin d'obtenir un mélange homogène. Salez et poivrez.

3 Versez dans quatre assiettes, ajoutez le crabe et quelques feuilles de coriandre. Dégustez aussitôt.

Pensez à mettre tous les ingrédients
au frais au moins 2 heures avant de les préparer.

SOUPE
au poivron rouge et mozzarella

Pour 4 personnes

Préparation : 15 min

Cuisson : 25 min

2 poivrons rouges

2 courgettes

1 grosse pomme de terre à chair farineuse

1 gousse d'ail

2 tiges de basilic

1 cuil. à soupe d'huile d'olive

1 sachet de billes de mozzarella (150 g)

sel et poivre

Notes : ....

1 **Lavez** les poivrons, les courgettes et la pomme de terre pelée. Découpez-les en morceaux. Pelez l'ail. Rincez et effeuillez le basilic.

2 **Faites chauffer** l'huile dans une cocotte. Ajoutez les légumes, l'ail et la moitié du basilic. Salez et poivrez. Laissez dorer 5 minutes, puis ajoutez 1 l d'eau. Couvrez et laissez cuire pendant 20 minutes.

3 **Mixez** le potage, versez dans quatre assiettes et répartissez les billes de mozzarella bien égouttées. Dégustez aussitôt.

*Vous pouvez **remplacer** la mozzarella par des dés de **tomme de brebis**.*

SOUPE DE CHOU
chinois et crevettes à la citronnelle

Pour 4 personnes

Préparation : 15 min

Cuisson : 15 min

½ chou chinois

15 tomates cerises allongées

3 cives

1 tige de citronnelle

15 crevettes cuites décortiquées surgelées

1 tablette de bouillon de légumes

3 cuil. à soupe de sauce soja

1 cuil. à soupe de sauce d'huître

poivre

Notes : ....

1 Portez à ébullition 80 cl d'eau dans une cocotte. Ajoutez le bouillon et la citronnelle coupée en morceaux. Laissez bouillir pendant la préparation des légumes.

2 Rincez le chou et émincez-le finement. Lavez les tomates cerises, coupez-les en deux. Rincez et hachez les cives.

3 Versez les légumes dans le bouillon et laissez cuire 10 minutes à feu vif. Ajoutez les crevettes, la sauce soja et la sauce d'huître. Poivrez. Réchauffez pendant 3 minutes et servez aussitôt.

La sauce d'huître est vendue dans les épiceries asiatiques.

SOUPE CAROTTES-
pois chiches au garam masala

Pour 4 personnes

Préparation : 15 min

Cuisson : 25 min

4 carottes

1 navet

1 oignon

150 g de pois chiches en bocal

1 cuil. à soupe d'huile d'olive

4 pincées de garam masala

50 g d'amandes entières

1 yaourt brassé

sel et poivre

Notes : ....

1 Pelez, rincez et coupez les carottes, l'oignon et le navet en morceaux. Rincez et égouttez les pois chiches.

2 Faites dorer les légumes dans une cocotte avec l'huile d'olive, le garam masala, du sel et du poivre, pendant 5 minutes, en remuant.

3 Ajoutez 1 l d'eau et les pois chiches, couvrez et laissez mijoter 20 minutes. Mixez le potage.

4 Faites dorer les amandes et hachez-les dans le sens de la longueur. Répartissez le potage dans quatre assiettes, ajoutez 1 bonne cuillerée de yaourt et décorez avec les amandes.

*Vous pouvez **utiliser** un yaourt au **lait de brebis**, si vous aimez !*

SOUPE À L'OIGNON
au parmesan et spéculoos

Pour 4 personnes

Préparation : 15 min

Cuisson : 20 min

4 gros oignons

2 cuil. à soupe d'huile d'olive

1 tablette de bouillon de légumes

1 brin de thym

1 feuille de laurier

4 biscuits spéculoos

4 cuil. à soupe de parmesan

poivre

Notes : ....

1 **Pelez,** rincez et coupez les oignons en rondelles fines. Faites-les revenir dans une cocotte à feu très doux dans l'huile d'olive, sans trop les colorer.

2 **Ajoutez** le thym et le laurier, la tablette de bouillon, du poivre et 1,2 l d'eau. Couvrez et laissez mijoter 15 minutes, puis retirez le thym et le laurier.

3 **Émiettez** les biscuits. Répartissez la soupe dans quatre assiettes, ajoutez les biscuits émiettés et le parmesan. Dégustez bien chaud.

Pour changer, utilisez des oignons violets ou jaunes.

VELOUTÉ
de cresson au mascarpone

Pour 4 personnes

Préparation : 15 min

Cuisson : 20 min

1 botte de cresson

2 belles pommes de terre à chair farineuse

1 oignon

1 tablette de bouillon de légumes

3 cuil. à soupe de mascarpone

4 crackers aux graines de courge et lin

poivre

Notes :

1 Coupez la base des tiges du cresson, rincez-le et essorez-le. Pelez, rincez et découpez en morceaux les pommes de terre et l'oignon.

2 Portez à ébullition 1,2 l d'eau. Ajoutez le bouillon, le cresson, les pommes de terre et l'oignon. Poivrez, couvrez et laissez mijoter 20 minutes.

3 Mixez le potage, ajoutez le mascarpone. Servez accompagné de crackers aux graines.

Le mascarpone adoucit le piquant du cresson !

VERRINES
de radis noir à la coriandre

Pour 4 personnes

Préparation : 20 min

1 petit radis noir

5 tiges de coriandre

4 feuilles de menthe

1 oignon primeur

12 tomates cerises rouges et jaunes

2 cuil. à soupe de vinaigre balsamique blanc

1 cuil. à soupe d'huile de sésame

1 cuil. à soupe d'huile d'olive

4 pincées de graines de sésame noir

sel et poivre

Notes : ....

....

....

1 Pelez et lavez le radis noir, coupez-le en tranches, puis en bâtonnets. Rincez la coriandre et la menthe, effeuillez-les et hachez-les. Nettoyez et rincez l'oignon primeur, puis hachez-le, y compris la partie verte. Rincez les tomates, coupez-les en deux.

2 Mélangez dans un saladier les bâtonnets de radis noir, la coriandre, la menthe et l'oignon hachés. Salez, poivrez, ajoutez le vinaigre balsamique blanc, l'huile d'olive et l'huile de sésame. Répartissez dans quatre verrines, décorez avec les tomates cerises et le sésame et servez aussitôt.

*Au printemps, **réalisez** cette recette avec des **radis roses**.*

TARTARE
de radis rouges aux noix

Pour 4 personnes

Préparation : 15 min

Cuisson : 5 min

1 botte de radis rouges

8 cerneaux de noix

50 g de fromage de chèvre frais

5 tiges de coriandre

2 cuil. à soupe d'huile d'olive

2 cuil. à soupe de vinaigre de noix

8 fines tranches de pain de seigle

sel et poivre

1 Coupez les fanes des radis, gardez-les pour faire un potage (recette p. 8). Lavez les radis, puis hachez-les grossièrement au couteau. Hachez les cerneaux de noix. Rincez la coriandre, effeuillez-la.

2 Mélangez dans un saladier les radis et les noix hachés, ajoutez le chèvre frais émietté. Salez, poivrez, assaisonnez d'huile d'olive et de vinaigre de noix.

3 Faites griller les tranches de pain de seigle. Servez la salade bien fraîche avec le pain grillé.

*Encore plus **rapide** : utilisez des **radis** en sachet, déjà **lavés** !*

Notes :

SALADE
de poireaux à la japonaise

Pour 4 personnes

Préparation : 10 min

Cuisson : 10 min

8 blancs de poireaux

10 brins de persil plat

1 cuil. à café de pâte de wasabi

2 cuil. à soupe de vinaigre de riz

2 cuil. à soupe d'huile d'olive

1 pincée d'algues en paillettes

sel et poivre

Notes : ....

1 Lavez les blancs de poireaux, fendez-les en deux dans la longueur, puis faites-les cuire pendant 10 minutes à la vapeur. Égouttez-les parfaitement et réservez-les au chaud.

2 Rincez le persil, hachez-le finement. Mélangez le wasabi, le vinaigre de riz, l'huile d'olive et le persil. Salez et poivrez.

3 Disposez les blancs de poireaux cuits sur un plat de service. Nappez de sauce, saupoudrez d'algues et servez aussitôt.

Une salade qui se déguste tiède ou froide !

SALADE
d'épinards, avocat et noisette

Pour 4 personnes

Préparation : 15 min

Cuisson : 5 min

1 sachet de pousses d'épinards

2 tomates jaunes

2 petits avocats

1 échalote

40 g de noisettes

le jus d'1 citron

2 cuil. à soupe d'huile d'olive

sel et poivre

1 Rincez et essorez les pousses d'épinards. Pelez et hachez l'échalote. Faites dorer les noisettes sur feu doux. Laissez-les tiédir, puis hachez-les.

2 Rincez et découpez les tomates en rondelles. Pelez les avocats, coupez-les en dés. Arrosez d'un peu de jus de citron. Disposez les pousses d'épinards, les tomates, l'échalote hachée et les dés d'avocat dans un saladier.

3 Mélangez 3 cuillerées à soupe de jus de citron et l'huile d'olive. Salez et poivrez. Versez la sauce sur les légumes, mélangez, ajoutez les noisettes hachées et servez aussitôt.

Touche fraîcheur : ajoutez du persil ou de la menthe hachés.

Notes :

SALADE DE MÂCHE
à l'orange et aux pignons de pin

Pour 4 personnes

Préparation : 15 min

Cuisson : 5 min

1 sachet de mâche

2 oranges

40 g de pignons de pin

80 g de tomme de brebis

2 cuil. à soupe de vinaigre de cidre

2 cuil. à soupe d'huile d'olive

sel et poivre

1 Pelez à vif les oranges : éliminez toute la peau en la tranchant à l'aide d'un couteau. Coupez-les ensuite en fines tranches. Faites dorer les pignons de pin 2 minutes à feu doux. Laissez tiédir.

2 Coupez la tomme en petits dés. Disposez la mâche dans quatre assiettes. Ajoutez les tranches d'orange et les dés de tomme. Décorez avec les pignons de pin.

3 Mélangez le vinaigre et l'huile, salez et poivrez. Répartissez sur la salade et servez aussitôt.

Si vous aimez, ajoutez un peu d'oignon violet émincé.

Notes : ....

SALADE
de chou chinois au cumin

Pour 4 personnes

Préparation : 15 min

¼ chou chinois

1 oignon violet

5 brins de persil plat

2 pincées de cumin

2 cuil. à soupe de vinaigre de noix

2 cuil. à soupe d'huile d'olive

sel et poivre

Notes : ....

....

....

1 Rincez le chou, puis émincez-le finement. Versez le chou dans un saladier. Pelez, rincez et hachez l'oignon violet. Rincez le persil, puis hachez-le. Ajoutez l'oignon et le persil au chou râpé.

2 Mélangez l'huile et le vinaigre. Salez et poivrez, versez la sauce dans le saladier. Saupoudrez de cumin, mélangez et servez aussitôt.

Le chou chinois est doux et super facile à préparer !

CÉLERI
croquant à la pomme verte

Pour 4 personnes

Préparation : 15 min

1 cœur de céleri en branches

1 pomme granny-smith

10 brins de ciboulette

10 cerneaux de noix

2 poignées de roquette lavée

2 cuil. à soupe de vinaigre balsamique blanc

2 cuil. à soupe d'huile d'olive

sel et poivre

Notes : ....

1 **Rincez** le cœur de céleri, gardez la partie centrale plus tendre. Émincez-le finement, versez dans un saladier. Lavez la pomme, puis coupez-la en petits dés, sans la peler.

2 **Rincez** et hachez la ciboulette. Hachez les noix. Ajoutez les dés de pomme, la ciboulette, les noix et la roquette au céleri et mélangez.

3 **Ajoutez** l'huile et le vinaigre, salez et poivrez, mélangez et servez aussitôt.

Une salade super croquante et riche en vitamines !

ARTICHAUT
violet, sauce à la menthe

Pour 4 personnes

Préparation : 20 min

8 petits artichauts poivrades

le jus d'1 citron

1 échalote

1 brin de menthe

5 brins de persil plat

400 g de fromage blanc à 20 % de MG

1 cuil. à soupe de moutarde forte

sel et poivre

1 Lavez les artichauts, éliminez les feuilles un peu dures, puis plongez-les dans un saladier contenant de l'eau froide et le jus du citron.

2 Pelez et hachez l'échalote. Rincez la menthe et le persil, puis hachez-les finement. Mélangez le fromage blanc, la moutarde, les herbes et l'échalote. Salez, poivrez, ajoutez quelques gouttes de jus de citron et mélangez.

3 Égouttez les artichauts, tranchez-les en huit dans le sens de la hauteur. Servez les artichauts découpés accompagnés de la sauce bien froide.

Une recette sans matières grasses !

Notes : ....

....

....

TOMATES
marinées à la niçoise

Pour 4 personnes

Préparation : 10 min

Marinade : 30 min

8 tomates olivettes

1 petite boîte de filets d'anchois

50 g d'olives de Nice

2 cuil. à soupe d'huile d'olive fruitée

1 gousse d'ail

5 feuilles de basilic

2 brins de persil

poivre

Notes :

1 Rincez et coupez les tomates en rondelles pas trop fines. Disposez-les dans un grand plat. Pelez et hachez l'ail, rincez et hachez le basilic et le persil.

2 Ajoutez sur les tomates les filets d'anchois et les olives égouttés, puis les herbes hachées et l'ail. Poivrez, ajoutez l'huile d'olive. Couvrez de film étirable et laissez mariner à température ambiante pendant au moins 30 minutes.

Inutile d'ajouter du sel, les olives
et les anchois suffisent !

SALADE
de courgettes d'été au saumon

Pour 4 personnes

Préparation : 15 min

4 très petites courgettes

80 g de saumon fumé

1 échalote

1 brin d'aneth

1 cuil. à soupe de crème fraîche épaisse

2 cuil. à soupe d'huile d'olive

le jus d'½ citron

sel et poivre

Notes :

1 Rincez les courgettes, puis coupez-les en très fines tranches au robot ou à la râpe à main. Hachez grossièrement le saumon. Pelez et hachez l'échalote. Rincez et effeuillez l'aneth.

2 Disposez dans un saladier les courgettes, le saumon, l'aneth et l'échalote. Mélangez la crème, l'huile d'olive, le jus de citron, du sel et du poivre.

3 Versez la sauce dans le saladier, mélangez et servez aussitôt.

Optez pour des courgettes très jeunes et tendres.

TARTARE
de concombre aux herbes

Pour 4 personnes
Préparation : 20 min
Cuisson : 10 min

1 concombre
1 gousse d'ail
1 petit oignon
10 brins de ciboulette
2 œufs
4 cuil. à soupe de vinaigre balsamique
2 cuil. à soupe d'huile d'olive
sel et poivre

Notes :

1 Faites cuire les œufs 10 minutes à l'eau bouillante, passez-les sous l'eau froide et écalez-les. Pelez le concombre et hachez-le grossièrement. Pelez et hachez l'ail et l'oignon. Rincez la ciboulette, coupez-la finement.

2 Hachez grossièrement les œufs durs. Mélangez le concombre haché (égouttez-le si besoin), l'ail, l'oignon, la ciboulette et 1 cuillerée à soupe d'huile d'olive. Salez et poivrez.

3 Disposez le tartare de concombre sur quatre assiettes, en formant un dôme. Décorez avec l'œuf haché, et assaisonnez de vinaigre balsamique et de quelques gouttes d'huile d'olive.

Vous pouvez remplacer la ciboulette par de la coriandre.

CARROTTES râpées aux amandes

Pour 4 personnes

Préparation : 15 min

Cuisson : 5 min

4 belles carottes

1 échalote

30 g d'amandes effilées

5 brins de coriandre

3 cuil. à soupe de purée d'amandes blanches

2 cuil. à soupe de vinaigre de cidre

sel et poivre

1 Pelez, lavez et râpez finement les carottes au robot. Versez dans un saladier. Pelez et hachez l'échalote. Rincez et effeuillez la coriandre.

2 Faites dorer les amandes effilées à feu doux. Mélangez la purée d'amandes et le vinaigre de cidre, salez et poivrez.

3 Mélangez les carottes, l'échalote, la coriandre et la sauce. Ajoutez les amandes effilées et servez aussitôt.

Vous pouvez aussi associer purée de sésame et purée d'amandes blanches.

Notes : ....

SALADE
de pousses de soja, coriandre et menthe

Pour 4 personnes

Préparation : 15 min

3 poignées de pousses de soja frais

1 barquette de graines germées

3 cives

5 brins de coriandre

2 brins de menthe

2 cuil. à soupe de sauce soja

2 cuil. à soupe d'huile de sésame

sel et poivre

1 Rincez les pousses de soja et égouttez-les. Disposez-les dans un saladier. Ajoutez les graines germées et mélangez délicatement.

2 Rincez et hachez les cives, la menthe et la coriandre. Mélangez la sauce soja et l'huile de sésame, salez légèrement, poivrez.

3 Versez la sauce dans le saladier, ajoutez les herbes hachées, mélangez et servez aussitôt.

Notes : ....

....

....

Optez pour des pousses de soja fraîches, et non en boîte, pour que la salade soit bien croquante.

SALADE DE MELON,
tomates et pousses de roquette

Pour 4 personnes

Préparation : 15 min

1 melon charentais

125 g de tomates cerises allongées

2 poignées de roquette lavée

100 g de speck finement tranché

2 cuil. à soupe d'huile d'olive

2 cuil. à soupe de vinaigre balsamique

2 brins de basilic

sel et poivre

Notes : ....

1 Épluchez le melon, éliminez les graines et coupez la chair en dés. Rincez les tomates cerises et coupez-les en deux dans la longueur.

2 Rincez et hachez le basilic. Mélangez l'huile d'olive, le vinaigre balsamique, le basilic, du sel et du poivre.

3 Disposez la roquette dans un plat. Ajoutez le melon, les tomates, le speck. Versez la sauce et servez aussitôt.

*Pour changer, **utilisez** du **melon galia** à la chair également très **parfumée**.*

SALADE ICEBERG
à la mangue et au poivron

Pour 4 personnes

Préparation : 15 min

½ laitue iceberg

1 mangue

½ poivron rouge

40 g de noix de pécan

1 cuil. à soupe de miel liquide

2 cuil. à soupe d'huile d'olive

2 cuil. à soupe
de vinaigre de cidre

sel et poivre

1 Rincez la salade, puis émincez-la. Pelez la mangue, coupez sa chair en dés. Lavez le poivron, éliminez les graines et hachez grossièrement une moitié. Concassez les noix de pécan entre vos mains.

2 Mélangez le miel, l'huile d'olive, le vinaigre de cidre, salez et poivrez.

3 Disposez la salade dans un plat, ajoutez les dés de mangue, le poivron et les noix de pécan concassées. Versez la sauce et servez aussitôt.

Vous pouvez utiliser des poivrons rouges en bocal, leur chair sera plus fondante.

Notes : ....

SALADE
de pousses d'épinards, pastèque et feta

Pour 4 personnes

Préparation : 15 min

1 sachet de pousses d'épinards lavées

2 poignées de mâche lavée

1 petite tranche de pastèque

100 g de feta

80 g de magret de canard fumé en tranches

2 brins de basilic

2 cuil. à soupe d'huile d'olive

2 cuil. à soupe de vinaigre balsamique

sel et poivre

1 Découpez la chair de la pastèque en petits dés. Émiettez la feta. Rincez et hachez le basilic.

2 Mélangez le vinaigre balsamique, l'huile d'olive, salez et poivrez.

3 Disposez les épinards et la mâche dans un saladier. Ajoutez la pastèque, le magret de canard et la feta. Décorez avec le basilic haché, versez la sauce et servez aussitôt.

Notes : ....

....

....

La feta peut être remplacée par des billes de mozzarella.

COURGETTES
à la plancha

Pour 4 personnes

Préparation : 10 min

Cuisson : 5 min

4 courgettes

2 cuil. à soupe d'huile d'olive fruitée

2 pincées de thym

1 gousse d'ail

1 brin de basilic

2 pincées de piment d'Espelette

le jus d'½ citron

sel et poivre

Notes : ....

....

....

1 Rincez les courgettes, puis coupez-les à l'aide d'une mandoline, sans les peler, dans le sens de la longueur. Enrobez-les d'huile d'olive, de sel, de poivre et saupoudrez de thym. Pelez et hachez l'ail, rincez et hachez le basilic.

2 Disposez les tranches de courgette sur la plancha bien chaude, et faites cuire 2 minutes sur chaque face.

3 Disposez les tranches de courgette dans un plat, assaisonnez d'un peu de jus de citron et de piment d'Espelette. Ajoutez le basilic et l'ail hachés et servez aussitôt.

Vous pouvez cuisiner de la même façon
des lamelles de poivron.

FÈVES D'ÉTÉ
au citron

Pour 4 personnes

Préparation : 10 min

Cuisson : 5 min

400 g de fèves surgelées et pelées

2 oignons primeurs

1 gousse d'ail

5 brins de basilic

le jus d'½ citron

2 cuil. à soupe d'huile d'olive

sel et poivre

Notes : ....

1 Lavez les oignons, puis hachez-les entièrement. Pelez et hachez l'ail. Rincez le basilic et hachez-le.

2 Faites cuire les fèves pendant 5 minutes à l'eau bouillante. Passez-les rapidement sous l'eau froide et égouttez-les. Disposez-les dans un saladier.

3 Ajoutez les oignons, le basilic et l'ail hachés. Salez, poivrez, ajoutez l'huile d'olive, ainsi que le jus de citron. Mélangez et servez tiède ou froid.

Un légume délicieux
et facile à cuisiner,
source de protéines.

FENOUIL VAPEUR,
sauce à la crème et aux herbes

Pour 4 personnes

Préparation : 10 min

Cuisson : 15 min

4 bulbes de fenouil

4 cuil. à soupe de crème fraîche épaisse

1 brin de menthe

5 brins de ciboulette

sel et poivre

Notes :

1 Rincez les bulbes de fenouil, éliminez les côtes trop fibreuses et l'extrémité des tiges. Coupez-les en six, dans le sens de la hauteur. Faites cuire le fenouil 15 minutes à la vapeur, égouttez-le et réservez au chaud.

2 Lavez la menthe et la ciboulette, puis hachez-les. Mélangez la crème et les herbes hachées, salez et poivrez.

3 Disposez le fenouil dans un plat et nappez de sauce. Servez aussitôt.

Ne faites pas cuire le fenouil à l'avance, car il s'oxyde rapidement.

ENDIVES ET champignons aux herbes fraîches

Pour 4 personnes
Préparation : 15 min
Cuisson : 20 min

4 belles endives
200 g de champignons
1 échalote
5 brins de persil plat
40 g de noisettes
le jus d'1 citron
1 cuil. à soupe d'huile d'olive
sel et poivre

Notes : ....

1 Lavez

les endives, coupez-les en tronçons. Lavez les champignons, puis émincez-les. Pelez et émincez l'échalote. Rincez et hachez le persil. Hachez les noisettes.

2 Faites dorer

l'échalote, les endives et les champignons dans une cocotte avec l'huile d'olive, pendant 5 minutes. Arrosez de jus de citron, ajoutez la moitié du persil et un demi-verre d'eau, salez et poivrez. Couvrez et laissez mijoter 10 à 15 minutes.

3 Disposez

les endives et les champignons dans un plat, décorez avec le reste de persil et les noisettes et servez aussitôt.

Pensez à retirer la base des endives qui est un peu amère.

LÉGUMES
sautés au miel et gingembre

Pour 4 personnes

Préparation : 15 min

Cuisson : 10 min

1 poivron vert

1 courgette

2 poignées de pousses de soja

5 brins de coriandre

1 morceau de gingembre de 2 cm

2 cuil. à soupe d'huile d'olive

2 cuil. à soupe de miel

2 cuil. à soupe de vinaigre balsamique

sel et poivre

Notes : ....

1 **Lavez** et émincez le poivron et la courgette. Rincez et égouttez les pousses de soja. Rincez et hachez la coriandre. Pelez, rincez et coupez le gingembre en fins bâtonnets.

2 **Faites chauffer** l'huile dans un wok ou une poêle. Ajoutez les légumes et le miel, faites-les sauter pendant 5 minutes à feu vif en remuant.

3 **Ajoutez** le vinaigre, le miel et la coriandre hachée. Salez, poivrez, faites cuire quelques instants, et servez aussitôt.

La cuisson doit être ultra-rapide pour que les légumes conservent leur croquant et leurs vitamines !

CAROTTES
et courgettes aux noix de cajou

Pour 4 personnes

Préparation : 15 min

Cuisson : 5 min

3 carottes

2 petites courgettes

5 brins de persil plat

40 g de noix de cajou grillées

3 cuil. à soupe de crème d'amandes

le jus d'½ citron

sel et poivre

Notes : ....

1 Pelez et lavez les carottes. Lavez les courgettes. Émincez les courgettes et les carottes en tranches, au robot. Faites-les cuire 5 minutes à la vapeur. Disposez dans un plat, réservez au chaud.

2 Rincez le persil, effeuillez-le. Mixez la crème d'amandes, le persil et les noix de cajou grillées. Salez et poivrez. Ajoutez un peu de jus de citron.

3 Versez la sauce sur les légumes tièdes et servez aussitôt.

Choisissez des noix de cajou grillées non salées, ou rincez-les avant utilisation.

POIREAUX
au curry et lait de coco

Pour 4 personnes

Préparation : 10 min

Cuisson : 15 min

8 blancs de poireaux

5 brins de persil plat

30 g de graines de courge

1 cuil. à soupe d'huile d'olive

10 cl de lait de coco

1 cuil. à café de curry

sel et poivre

1 Rincez les blancs de poireaux, puis coupez-les en rondelles. Rincez et hachez le persil. Faites dorer les graines de courge 3 minutes dans une petite poêle.

2 Faites chauffer à feu vif dans une sauteuse l'huile d'olive et un peu d'eau. Ajoutez les poireaux et le curry. Salez, poivrez, couvrez et faites cuire 5 minutes. Versez le lait de coco, faites cuire encore 5 minutes.

3 Versez dans un plat, décorez avec les graines de courge et le persil haché.

*Vous pouvez également utiliser des **poireaux** en rondelles **surgelés** (prolongez alors la cuisson de 5 minutes).*

Notes : ....

....

....

CHOU CHINOIS
sauté aux tomates cerises

Pour 4 personnes

Préparation : 10 min

Cuisson : 5 min

½ chou chinois

200 g de tomates cerises

½ bouquet de coriandre

1 cuil. à soupe d'huile d'olive

3 cuil. à soupe de sauce soja

1 cuil. à soupe d'huile de sésame

2 cuil. à soupe de sésame noir

poivre

1 Rincez le chou chinois, émincez-le finement. Rincez les tomates cerises, coupez-les en deux. Rincez et hachez la coriandre.

2 Faites sauter le chou et les tomates émincés à feu vif dans un wok avec l'huile d'olive. Poivrez, ajoutez la sauce soja. Laissez cuire 5 minutes à feu vif en remuant.

3 Versez dans un plat, ajoutez l'huile de sésame, la coriandre hachée, saupoudrez de sésame noir et servez aussitôt.

Goûtez avant de servir, et ajoutez une pointe de sel ou de sauce soja, si besoin.

Notes : ....

POTIRON
caramélisé et figues violettes

Pour 4 personnes

Préparation : 10 min

Cuisson : 10 min

1 tranche de potiron

4 figues

1 gros oignon

5 brins de persil plat

1 cuil. à soupe d'huile d'olive

2 cuil. à soupe de cassonade

1 pincée de cannelle en poudre

sel et poivre

1 Pelez le potiron et découpez sa chair en petits dés. Faites-les cuire 5 minutes à la vapeur. Égouttez et versez dans un plat. Rincez les figues, coupez-les en quartiers. Pelez et hachez l'oignon. Rincez et hachez le persil.

2 Faites dorer l'oignon émincé dans une sauteuse avec l'huile d'olive et la cassonade. Salez et poivrez. Ajoutez les figues et la cannelle, laissez caraméliser 2 minutes.

3 Versez l'oignon et les figues sur le potiron cuit, mélangez délicatement. Ajoutez le persil et servez aussitôt.

Servez tiède ou froid, en accompagnement d'une viande blanche.

Notes : ....

....

....

BROCOLIS
aux pignons de pin et au parmesan

Pour 4 personnes

Préparation : 10 min

Cuisson : 10 min

2 brocolis

40 g de pignons de pin

1 gousse d'ail

2 brins de basilic

2 cuil. à soupe d'huile d'olive

4 cuil. à soupe de parmesan

sel et poivre

Notes :

1 **Rincez** les brocolis, détachez-en les fleurettes. Faites-les cuire à la vapeur ou à l'eau bouillante salée, pendant 6 minutes, puis égouttez-les. Réservez au chaud.

2 **Faites dorer** les pignons 3 minutes à la poêle. Pelez et hachez l'ail. Rincez le basilic et hachez-le. Mélangez l'ail, le basilic et l'huile d'olive. Salez et poivrez.

3 **Disposez** les brocolis dans un plat, ajoutez la sauce, les pignons et saupoudrez de parmesan. Servez aussitôt.

*Vous pouvez **réaliser** la même recette **avec** du **chou romanesco** ou du **chou-fleur vert**.*

PETITS POIS
au bacon grillé

Pour 4 personnes

Préparation : 10 min

Cuisson : 15 min

500 g de petits pois extra-fins surgelés

1 oignon

1 brin de menthe

1 poignée de roquette lavée

1 brin de thym

2 cuil. à soupe d'huile d'olive

8 tranches de filet de bacon

sel et poivre

Notes : ....

1 **Pelez** et hachez l'oignon. Lavez la menthe, hachez les feuilles. Hachez grossièrement la roquette.

2 **Faites dorer** l'oignon dans une cocotte avec 1 cuillerée à soupe d'huile d'olive pendant 3 minutes à feu moyen. Ajoutez les petits pois surgelés, le thym, la menthe et la roquette. Salez, poivrez et ajoutez 30 cl d'eau. Couvrez et laissez cuire 10 minutes.

3 **Découpez** les filets de bacon en dés, faites-les dorer 2 minutes à feu très vif avec l'huile restante. Servez les petits pois bien chauds, avec le bacon grillé.

*Les petits pois **surgelés** sont **super pratiques** : ils cuisent en quelques minutes !*

ÉPINARDS
au chèvre frais

Pour 4 personnes

Préparation : 10 min

Cuisson : 15 min

600 g d'épinards en branches surgelés

1 gousse d'ail

1 brin de basilic

15 g de beurre

1 cuil. à soupe de crème fraîche épaisse

80 g de chèvre frais

1 pincée de noix de muscade

sel et poivre

Notes : ....

1 **Pelez** la gousse d'ail. Rincez et hachez le basilic.

2 **Disposez** les épinards surgelés dans une sauteuse, avec la gousse d'ail entière, le basilic haché, le beurre et un demi-verre d'eau. Salez, poivrez, ajoutez la noix de muscade. Couvrez et laissez cuire 10 minutes à feu doux.

3 **Ajoutez** la crème fraîche en fin de cuisson. Versez dans un plat et ajoutez le chèvre frais émietté. Servez aussitôt.

Les épinards sont riches en antioxydants et en fer, consommez-en régulièrement, crus ou cuits !

WOK
de légumes d'été

Pour 4 personnes
Préparation : 15 min
Cuisson : 10 min

6 tomates cocktail
2 courgettes
1 cœur de céleri en branches
1 oignon
1 gousse d'ail
150 g de pois chiches
1 pincée de thym
2 cuil. à soupe d'huile d'olive
sel et poivre

1 Rincez et coupez les tomates en deux. Lavez les courgettes, coupez-les en dés. Rincez le cœur de céleri, émincez-le. Pelez et hachez l'oignon et l'ail. Rincez et égouttez les pois chiches.

2 Faites chauffer l'huile d'olive dans un grand wok. Ajoutez tous les légumes découpés, le thym, du sel et du poivre. Faites cuire à feu vif pendant 5 minutes. Ajoutez les pois chiches, faites chauffer 3 minutes et servez aussitôt.

3 Dégustez chaud ou froid, avec des céréales ou un poisson.

Notes : ....

HARICOTS
verts au pesto citronné

Pour 4 personnes

Préparation : 15 min

Cuisson : 10 min

600 g de haricots verts extra-fins surgelés

1 gousse d'ail

3 brins de basilic

le jus d'½ citron

2 cuil. à soupe d'huile d'olive

40 g de noix

sel et poivre

Notes : ....

1 **Pelez** l'ail. Rincez et effeuillez le basilic. Mixez l'huile d'olive, les noix, les feuilles de basilic, l'ail et un peu de jus de citron. Salez et poivrez.

2 **Faites cuire** les haricots verts 10 minutes à la vapeur. Égouttez-les et versez-les dans un plat. Ajoutez la sauce, mélangez délicatement et servez aussitôt.

*Vous pouvez **remplacer** les **noix** par les graines de votre choix : **pignons, amandes, noix de cajou**…*

CHAMPIGNONS
sautés à l'ail et au persil

Pour 4 personnes

Préparation : 15 min

Cuisson : 10 min

400 g de champignons de Paris très frais

1 gousse d'ail

5 brins de persil plat

15 g de beurre

le jus d'½ citron

sel et poivre

1 Rincez les champignons et émincez-les en tranches pas trop fines. Pelez l'ail, rincez le persil, puis hachez-les.

2 Faites sauter les champignons dans une poêle avec le beurre et un peu de jus de citron, pendant 5 minutes, en remuant. Ajoutez l'ail et le persil, salez, poivrez, et faites cuire encore 3 minutes. Servez aussitôt.

Notes : ....

....

....

Dégustez ces champignons seuls ou avec des pâtes.

FRISÉE
aux lardons et œuf mollet

Pour 4 personnes

Préparation : 20 min

Cuisson : 10 min

- 1 belle salade frisée
- 1 carotte
- 1 échalote
- 1 brin de cerfeuil
- 4 œufs
- 100 g de lardons fumés
- 2 cuil. à soupe de vinaigre de noix
- 1 cuil. à soupe d'huile d'olive
- 1 cuil. à soupe d'huile de noix
- 2 cuil. à café de moutarde
- sel et poivre

Notes :

1 Lavez et essorez la frisée, recoupez les feuilles les plus grandes. Pelez et lavez la carotte, puis découpez-la en fines tagliatelles à l'aide d'un économe. Pelez et hachez l'échalote. Rincez et hachez le cerfeuil.

2 Faites cuire les œufs 5 minutes à l'eau bouillante, passez-les sous l'eau froide, puis écalez-les délicatement. Faites dorer les lardons dans une poêle, sans matière grasse pendant 5 minutes.

3 Mélangez la moutarde, le vinaigre, l'huile de noix et l'huile d'olive. Ajoutez l'échalote et le cerfeuil hachés. Salez et poivrez.

4 Répartissez la salade dans quatre assiettes. Ajoutez des tagliatelles de carotte, un œuf, des lardons et la sauce. Servez aussitôt.

Encore plus rapide : utilisez de la frisée en sachet.

SALADE
du Sud-Ouest

Pour 4 personnes
Préparation : 20 min
Cuisson : 5 min

1 laitue
2 tomates
1 pomme
4 figues
1 gousse d'ail
5 brins de persil plat
2 oignons primeurs
100 g de gésiers confits de volaille
80 g d'Etorki®
10 cerneaux de noix
2 cuil. à soupe d'huile d'olive
2 cuil. à soupe de vinaigre de framboise
sel et poivre

1 Rincez et essorez la laitue. Lavez et coupez les tomates en dés. Lavez la pomme, coupez-la en tranches fines sans la peler. Rincez les figues, coupez-les en quatre. Pelez et hachez l'ail ainsi que le persil rincé. Rincez les oignons, découpez la partie blanche en fines rondelles.

2 Faites chauffer les gésiers dans une poêle pendant 5 minutes à feu doux. Découpez l'Etorki® en lamelles.

3 Disposez dans un plat la laitue, les dés de tomate, les lamelles de pomme, les figues, le fromage, les rondelles d'oignon, le persil et les noix.

4 Ajoutez l'huile et le vinaigre, salez légèrement, poivrez et servez aussitôt.

Pour une salade de fête, ajoutez une petite tranche de foie gras.

SALADE
italienne légumes-mozzarella

Pour 4 personnes

Préparation : 15 min

Cuisson : 5 min

1 sachet de roquette lavée

1 courgette

2 tomates

2 boules de mozzarella de bufala (2 x 125 g)

2 brins de basilic

1 gousse d'ail

2 cuil. à soupe de vinaigre balsamique

3 cuil. à soupe d'olive

sel et poivre

1 Rincez la courgette, coupez-la dans le sens de la longueur en fines tranches, sans la peler. Faites-les cuire dans une poêle avec 1 cuillerée à soupe d'huile, à feu vif, 2 minutes sur chaque face. Salez et poivrez.

2 Rincez et coupez les tomates en tranches. Égouttez les boules de mozzarella, coupez-les en tranches. Rincez et hachez le basilic. Pelez et hachez l'ail.

3 Disposez dans un plat la roquette, la courgette dorée, les tranches de tomate et de mozzarella. Ajoutez le basilic, l'ail, le vinaigre balsamique et l'huile d'olive restante. Salez légèrement et poivrez.

*Vous pouvez remplacer la **roquette** par des pousses d'**épinards**.*

Notes : ______________________

CARROTTES

à la marocaine

Pour 4 personnes
Préparation : 15 min
Cuisson : 15 min

800 g de carottes
15 brins de persil plat
15 brins de coriandre
1 gousse d'ail
le jus d'½ citron
2 pincées de cumin en poudre
1 pincée de graines de cumin
3 cuil. à soupe d'huile d'olive
sel et poivre

1 Lavez et pelez les carottes, puis coupez-les en rondelles pas trop fines, au robot. Rincez le persil et la coriandre, puis hachez-les. Pelez et hachez l'ail.

2 Faites cuire les carottes à la vapeur pendant 10 minutes, égouttez-les.

3 Faites chauffer l'huile d'olive dans une sauteuse. Ajoutez les carottes, l'ail, le cumin en poudre et les graines de cumin, salez et poivrez. Laissez cuire 5 minutes en remuant, versez dans un plat.

4 Ajoutez le jus de citron, les herbes, remuez et servez tiède ou à température ambiante.

Vous pouvez préparer les carottes à l'avance et les laisser mariner, elles seront encore plus parfumées.

Notes : ....

TOMATES confites au four à la provençale

Pour 4 personnes

Préparation : 10 min

Cuisson : 30 min

Repos : 10 min

800 g de grosses tomates cerises

2 cuil. à soupe d'huile d'olive

1 pincée de thym

1 pincée de marjolaine

2 brins de basilic

2 gousses d'ail

4 biscottes complètes

sel et poivre

Notes : ....

....

....

1 Préchauffez le four à 180 °C (th. 6). Rincez le basilic et hachez-le. Pelez et hachez les gousses d'ail. Écrasez les biscottes.

2 Rincez les tomates, coupez-les en deux. Rangez-les dans un plat allant au four ayant des bords pas trop hauts sans les serrer. Salez, poivrez, saupoudrez d'ail et de basilic haché, de biscotte, de thym et de marjolaine.

3 Ajoutez l'huile d'olive et faites cuire 30 minutes au four. Laissez reposer 10 minutes et servez chaud ou à température ambiante.

Utilisez impérativement
des tomates de plein été,
mûres et parfumées.

PETITS POIS
et cœurs de laitue braisés

Pour 4 personnes

Préparation : 15 min

Cuisson : 25 min

600 g de petits pois extra-fins surgelés

2 cœurs de laitue

1 carotte

1 oignon

1 brin de thym

1 feuille de laurier

1 brin d'estragon

1 cuil. à soupe d'huile d'olive

1 tablette de bouillon de légumes

1 pincée de paprika

poivre

Notes : ....

....

....

1 Rincez les cœurs de laitue, coupez-les en six, dans le sens de la hauteur. Pelez, rincez et émincez la carotte et l'oignon.

2 Faites fondre doucement dans une cocotte, sans colorer, avec l'huile, l'oignon, la carotte et la laitue, pendant 5 minutes. Ajoutez les petits pois surgelés, le bouillon, le thym, le laurier, l'estragon rincé.

3 Ajoutez un verre d'eau, poivrez et assaisonnez de paprika. Couvrez et laissez mijoter 20 minutes à feu très doux.

4 Retirez le thym, le laurier et l'estragon avant de servir.

*Vous pouvez **remplacer** les petits pois par des **fèves surgelées** et **pelées**.*

CHAMPIGNONS
sautés aux pignons de pin et parmesan

Pour 4 personnes

Préparation : 15 min

Cuisson : 10 min

700 g de champignons sauvages (cèpes, girolles, mousserons...)

1 gousse d'ail

15 brins de persil plat

40 g de pignons de pin

1 pincée de thym

2 cuil. à soupe de vin blanc sec

2 cuil. à soupe d'huile d'olive

60 g de parmesan

sel et poivre

1 Rincez les champignons rapidement sous l'eau courante, retirez la base du pied et épongez-les. Coupez-les en morceaux.

2 Pelez et hachez l'ail. Rincez le persil, hachez-le. Découpez le parmesan en très fines tranches.

3 Faites sauter les champignons dans une poêle avec l'huile d'olive, pendant 5 minutes, en remuant. Ajoutez le thym, du sel et du poivre. Versez le vin blanc et laissez évaporer à feu vif.

4 Ajoutez l'ail, le persil et les pignons de pin. Mélangez, versez dans un plat. Ajoutez le parmesan et servez aussitôt.

Notes : ....

....

....

Vous pouvez remplacer le vin blanc par du jus de citron.

TIAN DE TOMATES
et aubergine à la brousse

Pour 4 personnes
Préparation : 20 min
Cuisson : 45 min

4 tomates
2 aubergines
2 brins de basilic
2 gousses d'ail
40 g de graines de courge
250 g de brousse
2 cuil. à soupe d'huile d'olive
1 pincée de marjolaine
sel et poivre

Notes : ______

1 **Rincez** les tomates et les aubergines, puis coupez-les en tranches assez fines. Faites cuire les tranches d'aubergine 5 minutes à la vapeur. Égouttez-les.

2 **Rincez** et hachez le basilic, pelez et hachez l'ail. Hachez grossièrement les graines de courge.

3 **Préchauffez** le four à 180 °C (th. 6). Rangez les tranches de tomate et d'aubergine dans un plat allant au four, en les alternant. Ajoutez un peu de brousse entre les légumes. Salez, poivrez, ajoutez le basilic et l'ail hachés.

4 **Saupoudrez** de marjolaine et ajoutez les graines de courge hachées. Arrosez d'huile d'olive et faites cuire 40 minutes au four. Dégustez tiède ou froid.

Vous pouvez aussi intercaler des rondelles de courgette et de pomme de terre.

CAVIAR
d'aubergines et de fèves à l'orientale

Pour 4 personnes

Préparation : 20 min

Cuisson : 35 min

3 aubergines

100 g de fèves surgelées et pelées

1 oignon primeur

5 brins de coriandre

5 brins de persil plat

1 gousse d'ail

le jus d'½ citron

3 cuil. à soupe d'huile d'olive

1 pincée de piment

sel et poivre

1 Préchauffez le four à 180 °C (th. 6). Lavez les aubergines, coupez-les en deux et enduisez-les d'1 cuillerée à soupe d'huile d'olive. Faites cuire 30 minutes, puis laissez tiédir.

2 Plongez les fèves 5 minutes dans l'eau bouillante salée, puis égouttez-les. Lavez l'oignon, la coriandre et le persil, pelez l'ail.

3 Récupérez la chair des aubergines à l'aide d'une cuillère. Mixez-la avec les fèves, l'oignon, l'ail et les herbes.

4 Salez, poivrez, ajoutez le piment, le jus de citron et l'huile d'olive restante. Mélangez et servez aussitôt.

Notes : ....

....

....

CHOU VERT
comme une potée

Pour 4 personnes
Préparation : 20 min
Cuisson : 30 min

1 petit chou vert
1 branche de céleri
1 carotte
1 oignon
1 navet
1 brin de thym
1 feuille de laurier
1 saucisse de Morteau
1 tablette de bouillon de volaille
poivre

Notes : ______

1 Lavez le chou, émincez-le mais pas trop finement. Rincez le céleri, coupez-le en tronçons. Pelez et lavez la carotte, l'oignon et le navet. Coupez-les en morceaux.

2 Portez à ébullition 1 l d'eau avec le bouillon, le thym et le laurier. Poivrez. Ajoutez les légumes découpés. Couvrez et faites cuire 10 minutes. Ajoutez la saucisse et faites cuire 20 minutes à petit feu. Servez bien chaud.

Préparez ce plat la veille et réchauffez-le ensuite !

ÉCRASÉ
de carotte à la truffe

Pour 4 personnes

Préparation : 20 min

Cuisson : 20 min

700 g de carottes jaunes

400 g de pommes de terre à chair fondante

1 petit bocal de brisures de truffe

20 g de beurre demi-sel

sel et poivre

Notes : ....

1 Pelez et lavez les carottes et les pommes de terre. Faites-les cuire 20 minutes à la vapeur. Réservez au chaud. Égouttez les brisures de truffe. Faites fondre le beurre.

2 Écrasez à l'aide d'un presse-purée les carottes et les pommes de terre sans chercher à les mélanger, ni à obtenir une texture trop fine. Salez et poivrez.

3 Versez dans un plat, ajoutez le beurre fondu, du poivre et les brisures de truffe. Servez aussitôt.

Vous pouvez également utiliser des copeaux de truffe.

RATATOUILLE
toute simple

Pour 4 personnes
Préparation : 20 min
Cuisson : 25 min

3 tomates
2 courgettes
1 aubergine
1 poivron vert
1 oignon
1 brin de thym
4 cuil. à soupe d'huile d'olive
sel et poivre

1 Lavez les tomates, les courgettes, l'aubergine et le poivron, puis coupez-les en petits dés, sans les mélanger. Pelez et hachez l'oignon.

2 Faites chauffer 1 cuillerée à soupe d'huile d'olive dans une large sauteuse. Ajoutez l'oignon, laissez dorer à feu doux pendant 5 minutes, puis versez sur une assiette. Faites dorer séparément pendant 5 minutes les courgettes, l'aubergine, puis les tomates.

3 Remettez tous les légumes dans la sauteuse, salez, poivrez, ajoutez le thym. Laissez mijoter 5 minutes et servez aussitôt.

*La cuisson **séparée** des légumes donne une **saveur incomparable** à la ratatouille !*

Notes : ....

LÉGUMES D'HIVER
caramélisés au four

Pour 4 personnes

Préparation : 20 min

Cuisson : 35 min

1 navet jaune

3 carottes violettes

1 tranche de potiron

1 panais

1 oignon jaune

3 brins de thym

2 cuil. à soupe de cassonade

2 cuil. à soupe d'huile d'olive

sel et poivre

Notes : ....

....

....

1 Pelez et lavez le navet, les carottes, le potiron, le panais et l'oignon. Coupez tous les légumes en morceaux pas trop petits.

2 Préchauffez le four à 180 °C (th. 6). Disposez les légumes sur une grande plaque antiadhésive, en les mélangeant. Saupoudrez de cassonade et de thym. Salez, poivrez, ajoutez un demi-verre d'eau et l'huile d'olive.

3 Faites cuire 35 minutes au four. Si les légumes se colorent trop vite, couvrez d'une feuille de papier sulfurisé. Dégustez chaud.

Vous pouvez réaliser cette **recette** avec tous les **légumes-racines** et toutes les **courges**.

ENDIVES
au gratin, béchamel super simple

Pour 4 personnes

Préparation : 20 min

Cuisson : 35 min

8 endives

8 fines tranches de jambon

80 g de comté râpé

50 cl de lait demi-écrémé

35 g de Maïzena®

20 g de beurre

le jus d'½ citron

1 pincée de noix de muscade

sel et poivre

1 Rincez les endives, coupez-les en deux dans le sens de la hauteur. Arrosez-les de jus de citron et faites-les cuire 15 minutes à la vapeur. Laissez égouttez et tiédir.

2 Mélangez le lait froid et la Maïzena® dans une casserole. Salez, poivrez, ajoutez la noix de muscade. Portez à ébullition en remuant à l'aide d'un fouet. Laissez bouillir 1 minute et retirez du feu. Ajoutez le beurre et la moitié du comté râpé.

3 Préchauffez le four à 180 °C (th. 6). Roulez deux demi-endives dans chaque tranche de jambon et rangez-les dans un plat. Nappez de sauce, saupoudrez de comté et faites gratiner 15 minutes au four.

*Vous pouvez **remplacer** les endives par des **poireaux**.*

Notes : ____________________

____

____

LÉGUMES
de printemps glacés en cocotte

Pour 4 personnes

Préparation : 15 min

Cuisson : 15 min

1 botte de carottes primeurs
1 botte de navets primeurs
1 botte d'oignons primeurs
200 g de pois gourmands
5 brins de persil plat
1 brin de menthe
1 brin d'estragon
2 cuil. à soupe d'huile d'olive
1 cuil. à soupe de miel crémeux
sel et poivre

Notes : ....

....

....

1 Coupez les fanes des carottes, des navets et des oignons. Rincez-les sous l'eau froide. Rincez les pois gourmands et les herbes. Hachez la menthe et le persil.

2 Disposez dans une petite cocotte tous les légumes et les herbes. Salez, poivrez, ajoutez l'huile d'olive, le miel et un demi-verre d'eau.

3 Couvrez et faites mijoter 10 minutes pour les garder croquants et colorés. Ôtez les légumes de la cocotte et disposez-les dans un plat. Faites réduire le jus des légumes à feu vif pendant 5 minutes et versez-le sur les légumes.

Inutile d'éplucher les légumes primeurs !

BLETTES
gratinées à la raclette

Pour 4 personnes

Préparation : 20 min

Cuisson : 35 min

1 kg de côtes de blettes

100 g de speck coupé en tranches fines

40 g de noisettes

20 cl de crème fraîche épaisse

150 g de fromage à raclette

1 pincée de noix de muscade

sel et poivre

1 Rincez les côtes de blettes, coupez la partie verte que vous garderez pour une autre recette. Coupez la partie blanche en petits morceaux. Faites-les cuire à la vapeur pendant 15 minutes. Égouttez-les.

2 Émincez le speck. Hachez grossièrement les noisettes. Préchauffez le four à 180 °C (th. 6).

3 Disposez les côtes de blettes bien égouttées et le speck dans un plat à gratin. Salez peu, poivrez, ajoutez la noix de muscade. Nappez de crème fraîche et rangez les tranches de fromage à raclette dessus. Ajoutez les noisettes et passez au four pendant 20 minutes.

*Un plat **super gourmand** pour découvrir ce légume délicieux !*

Notes : ....

....

....

LÉGUMES
aux épices douces

Pour 4 personnes

Préparation : 15 min

Cuisson : 25 min

4 carottes

1 oignon

1 gousse d'ail

1 courgette

1 poignée de haricots verts surgelés

120 g de pois chiches en bocal

2 cuil. à soupe d'huile d'olive

2 pincées de ras el-hanout

1 cuil. à café de concentré de tomate

sel et poivre

Notes : ....

....

....

1 Pelez et lavez les carottes et l'oignon, puis émincez-les. Pelez et hachez l'ail. Rincez la courgette, coupez-la en tranches. Égouttez les pois chiches.

2 Faites dorer les carottes, la courgette, l'oignon et l'ail dans une cocotte avec 1 cuillerée à soupe d'huile d'olive. Ajoutez les pois chiches, les haricots verts, le ras el-hanout, le concentré de tomate, l'huile d'olive restante. Salez et poivrez, mouillez avec un verre d'eau, couvrez et laissez cuire 15 minutes à feu doux.

Si vous aimez les saveurs plus relevées,
ajoutez une touche de piment !

POIREAUX
et shimeji sautés

Pour 4 personnes

Préparation : 15 min

Cuisson : 10 min

6 blancs de poireaux

150 g de shimeji

5 brins de persil plat

1 cuil. à soupe d'huile d'olive

2 cuil. à soupe de crème de soja

sel et poivre

1 Rincez les blancs de poireaux, coupez-les en petits tronçons, en biseau. Rincez les shimeji, coupez l'extrémité du pied. Rincez et hachez le persil.

2 Faites fondre les poireaux et les shimeji dans une sauteuse, avec l'huile d'olive, un demi-verre d'eau, du sel et du poivre, à feu très doux pendant 10 minutes.

3 Liez avec la crème de soja et ajoutez le persil au moment de servir.

Les shimeji sont de délicieux petits champignons coréens, en vente chez les primeurs.

Notes :

PATATE DOUCE, *brocoli et carotte à la vapeur de thym*

Pour 4 personnes

Préparation : 15 min

Cuisson : 15 min

1 belle patate douce

2 carottes

1 brocoli

3 brins de thym

1 brin de menthe

30 g de beurre demi-sel

le jus d'½ citron

1 pincée de curcuma

poivre

1 Pelez et lavez la patate douce et les carottes. Coupez-les en dés. Rincez le brocoli, détachez-en les fleurettes. Faites cuire les légumes pendant 15 minutes à la vapeur, en plaçant le thym dans l'eau du cuit-vapeur.

2 Rincez et hachez la menthe. Disposez les légumes dans un plat, ajoutez le beurre coupé en petits morceaux, la menthe hachée, un filet de jus de citron, le curcuma et du poivre. Servez aussitôt.

Vous pouvez cuire les légumes à l'avance et les réchauffer le lendemain quelques minutes au four à micro-ondes.

Notes : ....

PURÉE DE CÉLERI
et carotte au sésame

Pour 4 personnes

Préparation : 20 min

Cuisson : 25 min

1 petite boule de céleri-rave

4 carottes

5 tiges de coriandre

4 cuil. à soupe de lait de coco

1 cuil. à soupe d'huile d'olive

2 cuil. à soupe de graines de sésame doré

sel et poivre

Notes : ....

....

....

1 Épluchez et lavez le céleri et les carottes, puis coupez-les en dés. Faites-les cuire à la vapeur pendant 15 minutes. Égouttez-les.

2 Rincez et effeuillez la coriandre. Écrasez les carottes et le céleri à l'aide d'un presse-purée. Ajoutez le lait de coco, l'huile d'olive, du sel et du poivre. Disposez en dôme dans un plat, décorez avec la coriandre et les graines de sésame.

Vous pouvez remplacer l'huile d'olive par de l'huile de sésame, plus parfumée.

BUDDHA BOWL
au chou chinois, courgettes et kiwis

Pour 4 personnes
Préparation : 20 min
Cuisson : 10 min

¼ chou chinois
2 jeunes courgettes
1 oignon
1 gousse d'ail
2 avocats
2 kiwis
le jus d'1 citron vert
10 brins de coriandre
3 cives
2 cuil. à soupe de graines de sésame noir
3 cuil. à soupe d'huile d'olive
sel et poivre

Notes : ....

1 **Lavez** les courgettes, émincez-les en tranches. Pelez et hachez l'oignon et la gousse d'ail. Faites sauter les courgettes avec l'oignon et l'ail, dans 2 cuillerées à soupe d'huile d'olive, en remuant, pendant 10 minutes. Assaisonnez de sel et poivre.

2 **Mixez** la chair des avocats avec le jus de citron vert, le reste d'huile d'olive, du sel et du poivre. Ajoutez les graines de sésame noir. Rincez et émincez le chou chinois. Pelez et coupez les kiwis en tranches. Répartissez dans quatre bols. Rincez et émincez la coriandre et les cives.

3 **Répartissez** dans les bols le chou chinois émincé, les courgettes, les kiwis. Ajoutez au centre la purée d'avocat. Décorez avec les herbes fraîches.

ASSIETTE
concombre, radis et lentilles corail

Pour 4 personnes

Préparation : 20 min

Cuisson : 30 min

½ concombre

10 radis rouges

2 tomates

120 g de riz pour sushi

150 g de lentilles corail

5 brins de coriandre

1 échalote

3 cuil. à soupe de graines de sésame noir

1 brin de thym

1 feuille de laurier

3 cuil. à soupe d'huile d'olive

le jus d'1 citron

sel et poivre

1 Rincez et hachez la coriandre. Pelez et hachez l'échalote. Émincez le concombre, les radis et les tomates après les avoir lavés.

2 Faites cuire le riz pendant 12 minutes dans son volume d'eau. Laissez refroidir et formez des boulettes. Roulez-les dans le sésame noir.

3 Faites cuire les lentilles corail 15 minutes dans leur volume d'eau, avec du poivre, du thym et du laurier. Lorsqu'elles sont cuites, ôtez le thym et le laurier. Ajoutez 1 cuillerée à soupe d'huile d'olive et la moitié de la coriandre hachée, salez et mélangez.

4 Disposez dans une grande assiette creuse le concombre, les tomates et les radis. Ajoutez des boulettes de riz et de la purée de lentilles. Assaisonnez d'échalote et du reste de coriandre hachée, du sel, du poivre, le reste d'huile d'olive et le jus de citron.

Notes : ....

Une assiette vegan, copieuse et colorée.

BUDDHA BOWL
patate douce et poivron

Pour 4 personnes
Préparation : 20 min
Cuisson : 20 min

- 2 patates douces
- 2 beaux poivrons rouges
- 1 grenade
- 4 poignées de mâche lavée
- 1 gousse d'ail
- 2 brins de menthe
- 2 cuil. à soupe de purée de sésame blanc
- 30 g de graines de courge
- 2 cuil. à soupe de vinaigre balsamique
- 2 cuil. à soupe d'huile d'olive
- sel et poivre

1 Préchauffez le four à 180 °C (th. 6). Pelez, rincez et découpez les patates douces en dés. Rincez et coupez en lamelles les poivrons rouges. Disposez les légumes sur une plaque. Ajoutez l'huile d'olive, du sel, du poivre et les graines de courge. Faites cuire 20 minutes. Laissez tiédir.

2 Ouvrez la grenade, récupérez les graines charnues. Pelez et hachez l'ail, émincez les feuilles de menthe.

3 Répartissez la mâche dans quatre grands bols. Ajoutez les poivrons et les patates douces tièdes, la grenade.

4 Mélangez la purée de sésame, le vinaigre balsamique, l'ail et la menthe. Salez et poivrez. Versez dans les bols et servez aussitôt.

*Vous pouvez faire **cuire** les légumes à l'avance et les **réchauffer** au moment de servir.*

Notes : ....

ASSIETTE
super croquante au sarrasin

Pour 4 personnes

Préparation : 20 min

Cuisson : 25 min

2 bulbes de fenouil

1 brocoli

140 g de sarrasin

1 oignon

1 bouquet de coriandre

30 g de cerneaux de noix

30 g de canneberges

1 pomme granny-smith

3 cuil. à soupe d'huile d'olive

le jus d'1 citron

4 faisselles de chèvre

sel et poivre

Notes :

1 Faites cuire le sarrasin 15 minutes à l'eau bouillante salée, puis égouttez-le. Coupez le brocoli, détachez-en les fleurettes, rincez-les sous l'eau, puis faites-les cuire, 10 minutes à la vapeur.

2 Rincez le fenouil, émincez-les finement au robot. Lavez et coupez la pomme en dés. Pelez et hachez l'oignon. Rincez et hachez la coriandre. Hachez les noix.

3 Disposez le fenouil, le brocoli et la pomme découpés sur quatre assiettes. Ajoutez le sarrasin, les canneberges, l'oignon, les noix, la coriandre. Salez, poivrez, ajoutez l'huile d'olive, le jus de citron et une faisselle de chèvre bien égouttée.

Vous pouvez remplacer le sarrasin par du **quinoa** ou du **boulgour.**

LÉGUMES *au curry vert*

Pour 4 personnes

Préparation : 15 min

Cuisson : 20 min

1 aubergine

1 courgette

2 tomates

1 patate douce

3 cives

1 cuil. à soupe d'huile d'olive

1 cuil. à café de curry vert

20 cl de lait de coco

sel et poivre

Notes : ______

______

______

1 Rincez et coupez l'aubergine, la courgette et les tomates en dés. Pelez, lavez et coupez la patate douce en dés. Rincez et hachez les cives.

2 Faites sauter les dés d'aubergine, de courgette, de patate douce et de tomate, ainsi que la moitié des cives hachées avec l'huile d'olive, en remuant, pendant 5 minutes. Ajoutez le curry vert et le lait de coco. Salez et poivrez. Laissez mijoter 15 minutes.

3 Décorez avec le reste des cives et servez bien chaud.

Vous pouvez ajouter des crevettes ou du tofu en fin de cuisson.

GÂTEAU
de brocoli et petits pois au chèvre

Pour 4 personnes
Préparation : 20 min
Cuisson : 40 min

1 brocoli
150 g de petits pois surgelés
1 petite botte de ciboulette
70 g de Maïzena®
2 œufs
2 cuil. à soupe d'huile d'olive
150 g de chèvre frais
40 g de pignons de pin
1 pincée de noix de muscade râpée
sel et poivre

1 Rincez le brocoli et découpez-en les fleurettes. Faites-les cuire ainsi que les petits pois surgelés pendant 15 minutes à la vapeur. Égouttez-les. Rincez et hachez la ciboulette.

2 Préchauffez le four à 180 °C (th. 6). Battez les œufs et la Maïzena®, l'huile d'olive, et la ciboulette hachée. Salez, poivrez, ajoutez la noix de muscade. Ajoutez les légumes cuits et mélangez délicatement. Émiettez le chèvre.

3 Versez cette préparation dans un moule rond, répartissez le fromage et les pignons de pin à la surface. Faites cuire au four pendant 25 minutes.

4 Dégustez tiède ou froid, avec une salade.

Notes : ....

Encore plus gourmand : ajoutez quelques feuilles de ***basilic haché.***

CLAFOUTIS *de légumes au millet et au curry*

Pour 4 personnes

Préparation : 20 min

Cuisson : 55 min

3 carottes

2 courgettes

1 oignon

10 brins de coriandre

120 g de millet

2 œufs

20 cl de lait

3 pincées de curry

2 cuil. à soupe d'huile d'olive

sel et poivre

Notes : ....

1 Faites cuire le millet pendant 15 minutes à l'eau bouillante salée, puis égouttez-le. Pelez les carottes et l'oignon. Rincez les carottes, l'oignon et les courgettes et râpez-les au robot. Rincez et hachez la coriandre.

2 Faites dorer les légumes râpés pendant 10 minutes dans une poêle avec l'huile d'olive, en remuant. Salez, poivrez, ajoutez le curry. Laissez tiédir.

3 Préchauffez le four à 180 °C (th. 6). Battez les œufs et le lait, salez et poivrez. Ajoutez la coriandre. Étalez le millet dans un moule rectangulaire. Ajoutez les légumes, puis le mélange œuf-lait. Faites cuire pendant 30 minutes au four. Dégustez tiède ou froid.

En automne, remplacez les courgettes par du ***butternut.***

CARROT CAKE
à la scamorza fumée

Pour 4 personnes

Préparation : 20 min

Cuisson : 30 min

700 g de carottes

60 g de roquette lavée

1 scamorza fumée (150 g)

30 g de graines de sésame doré

2 œufs

10 cl de lait

150 g de farine de riz semi-complète

3 cuil. à soupe d'huile d'olive

1 sachet de levure alsacienne

sel et poivre

Notes : ______________________

1 Pelez, lavez et râpez finement les carottes au robot. Hachez la roquette. Émincez la scamorza fumée en petits dés.

2 Préchauffez le four à 150 °C (th. 5). Mélangez dans un saladier la farine de riz, la levure, les œufs, le lait, l'huile d'olive. Salez et poivrez. Ajoutez les carottes râpées, la roquette, les graines de sésame doré, le fromage et remuez.

3 Versez dans un moule en forme de couronne. Faites cuire au four pendant 30 minutes. Démoulez et dégustez tiède.

La scamorza est un fromage fumé
facile à trouver dans les épiceries italiennes.

CROQUETTES
de courgette et quinoa

Pour 4 personnes

Préparation : 15 min

Cuisson : 15 min

- 2 courgettes
- 100 g de quinoa rouge
- 2 œufs
- 2 cuil. à soupe de Maïzena®
- 3 cuil. à soupe de parmesan râpé
- 1 cuil. à soupe de pesto
- 2 cuil. à soupe d'huile d'olive
- sel et poivre

1 Faites cuire le quinoa pendant 15 minutes à l'eau bouillante salée, puis égouttez-le. Lavez et râpez les courgettes. Égouttez-les dans un torchon propre.

2 Battez les œufs dans un saladier. Ajoutez les courgettes râpées, le quinoa, la Maïzena®, le pesto, le parmesan. Salez légèrement et poivrez.

3 Faites chauffer une grande poêle légèrement huilée. Disposez le mélange cuillerée par cuillerée, et laissez cuire 5 minutes, en retournant les croquettes à mi-cuisson.

4 Disposez-les au fur et à mesure sur une assiette garnie de papier absorbant. Dégustez chaud.

*Vous pouvez réaliser la même recette avec des **carottes** ou de la **patate douce**.*

Notes : ....

FLAN DE POTIRON
aux petites graines

Pour 4 personnes

Préparation : 20 min

Cuisson : 40 min

1 belle tranche de potiron

3 œufs

100 g de farine

20 cl de lait d'amande

1 sachet de levure alsacienne

60 g de comté râpé

1 pincée de noix de muscade

1 pincée de cannelle

2 cuil. à soupe de graines mélangées (lin, sésame ...)

sel et poivre

Notes : ....

....

....

1 Pelez le potiron, et découpez sa chair en petits dés. Faites cuire 10 minutes à la vapeur. Égouttez.

2 Préchauffez le four à 180 °C (th. 6). Battez les œufs, le lait d'amande, la farine, la levure, la noix de muscade, la cannelle. Salez et poivrez. Ajoutez le potiron et le comté râpé.

3 Versez dans un moule carré. Saupoudrez de petites graines et faites cuire 30 minutes au four. Dégustez chaud ou tiède.

Utilisez des dés de potiron surgelés pour gagner du temps sur l'épluchage !

BOUILLON
de petits légumes au curcuma et pâtes alphabet

Pour 4 personnes

Préparation : 5 min

Cuisson : 15 min

400 g de julienne de légumes surgelée

100 g de petites pâtes alphabet

1 tablette de bouillon de légumes

1 bonne pincée de curcuma

5 brins de persil plat

poivre

1 Portez à ébullition 1 l d'eau. Ajoutez la julienne de légumes et la tablette de bouillon, le curcuma, un peu de poivre. Couvrez et laissez cuire 5 minutes. Rincez et hachez le persil.

2 Ajoutez les pâtes dans le bouillon, faites cuire encore 8 minutes et servez, parsemé de persil haché.

Notes :

Un bouillon express riche en légumes
pour les parents pressés !

CHOU ROMANESCO
mimosa

Pour 4 personnes
Préparation : 15 min
Cuisson : 25 min

1 chou romanesco
4 œufs
5 brins de persil plat
1 cuil. à soupe de mayonnaise
1 cuil. à café de moutarde douce
2 cuil. à soupe d'huile de colza
2 cuil. à soupe de vinaigre balsamique blanc
sel et poivre

Notes : ....

1 Prélevez les fleurettes du chou, rincez-les sous l'eau et faites-les cuire 10 à 15 minutes à la vapeur, en les gardant un peu croquantes. Égouttez-les et disposez-les dans un plat.

2 Faites cuire les œufs 10 minutes à l'eau bouillante. Passez-les sous l'eau froide, écalez-les. Hachez-les grossièrement. Rincez et hachez le persil.

3 Mélangez la mayonnaise, la moutarde, l'huile et le vinaigre. Salez et poivrez.

4 Versez sur les fleurettes de chou. Décorez avec les œufs et le persil hachés, et servez aussitôt.

*Les choux colorés (violet, jaune, vert) sont **amusants** et leur saveur est **douce**.*

CLAFOUTIS
de tomates cerises

Pour 4 personnes

Préparation : 15 min

Cuisson : 30 min

250 g de tomates cerises

150 g de farine

3 œufs

25 cl de lait

80 g de comté râpé

15 g de beurre

sel et poivre

Notes : ....

....

....

1 Rincez et épongez soigneusement les tomates cerises. Préchauffez le four à 180 °C (th. 6).

2 Mélangez la farine, les œufs et le lait. Salez et poivrez. Ajoutez le comté râpé. Beurrez un plat à gratin. Versez la pâte dans le plat.

3 Ajoutez les tomates, et faites cuire au four pendant 30 minutes. Servez tiède ou froid.

Pour une saveur plus typée,
vous pouvez ajouter un peu de **basilic haché**.

CARROTTES multicolores au miel

Pour 4 personnes

Préparation : 15 min

Cuisson : 25 min

2 carottes oranges

3 carottes jaunes

3 carottes violettes

1 oignon

1 pomme

1 poignée de raisins secs blonds

2 cuil. à soupe de miel

1 cuil. à soupe d'huile d'olive

sel et poivre

Notes : ....

1 Pelez, lavez et coupez les carottes en petits tronçons de 2 à 3 cm de long. Pelez et hachez l'oignon. Pelez la pomme, coupez-la en dés.

2 Faites dorer dans une cocotte l'oignon haché, la pomme et les carottes, avec un peu d'huile d'olive. Ajoutez les raisins secs, le miel, du sel, du poivre.

3 Mouillez avec un demi-verre d'eau, couvrez et laissez cuire 25 minutes à feu doux. Faites réduire à feu vif en fin de cuisson pour caraméliser les carottes.

*La carotte est un excellent légume pour les **enfants**, car il est riche en **provitamine A**, indispensable à la **croissance**.*

GRATIN
de chou-fleur et pommes de terre au jambon

Pour 6 personnes

Préparation : 20 min

Cuisson : 35 min

1 petit chou-fleur

4 pommes de terre à chair fondante

4 tranches de jambon

25 cl de crème fraîche épaisse

80 g d'emmental râpé

1 pincée de noix de muscade

sel et poivre

Notes : ....

....

....

1 Rincez le chou-fleur et découpez-en les fleurettes. Pelez et lavez les pommes de terre. Coupez-les en dés. Faites cuire le chou-fleur et les pommes de terre 20 minutes à la vapeur. Émincez le jambon en lamelles.

2 Préchauffez le four à 210 °C (th. 7). Disposez le chou-fleur et les pommes de terre bien égouttés dans un plat à gratin. Ajoutez le jambon émincé et la crème.

3 Salez, poivrez et ajoutez un peu de noix de muscade. Couvrez la surface d'emmental râpé et faites gratiner 10 à 15 minutes au four. Servez chaud.

La pomme de terre adoucit la saveur du chou-fleur.

PAILLASSON
géant de carottes et pommes de terre

Pour 4 personnes

Préparation : 15 min

Cuisson : 20 min

4 carottes

400 g de pommes de terre à chair farineuse

2 cuil. à soupe de Maïzena®

3 cuil. à soupe de parmesan râpé

3 cuil. à soupe d'huile de colza

sel et poivre

1 Pelez, lavez et râpez les carottes et les pommes de terre au robot. Placez-les dans une passoire et pressez avec les mains pour bien les égoutter.

2 Versez les légumes râpés dans un saladier. Ajoutez la Maïzena®, le parmesan, du sel, du poivre et mélangez.

3 Faites chauffer 2 cuillerées à soupe d'huile dans une large poêle. Versez le mélange précédent dans la poêle bien chaude. Laissez cuire à feu moyen pendant 10 minutes.

4 Faites glisser le paillasson sur une assiette. Ajoutez le reste d'huile dans la poêle. Renversez le paillasson dans la poêle chaude pour cuire l'autre face (10 minutes). Dégustez chaud, avec une salade.

Vous pouvez aussi réaliser des ***mini-paillassons*** *(comptez entre 10 et 15 minutes de cuisson).*

Notes : ....

....

....

ROULEAUX
tout frais aux crudités

Pour 4 personnes

Préparation : 20 min

8 feuilles de riz

1 tomate

½ concombre

1 avocat

5 feuilles de menthe

40 g de cacahuètes

1 barquette de graines germées lavées

3 cuil. à soupe de sauce soja

le jus d'½ citron

1 Lavez la tomate et le concombre, puis coupez-les en très fines tranches. Pelez l'avocat et émincez-le en fines tranches. Hachez la menthe rincée et les cacahuètes.

2 Trempez rapidement 1 feuille de riz dans l'eau froide. Garnissez-la avec du concombre, de la tomate, de l'avocat, un peu de menthe et des graines germées. Repliez la feuille en forme de rouleau de printemps. Faites de même avec les autres feuilles.

3 Servez bien frais, avec la sauce soja mélangée au jus de citron.

*Variez les légumes selon votre inspiration : tranches de **betterave**, tagliatelles de **courgette**, de **carotte**...*

Notes : ....

SAMOUSSAS
de courgette au curry doux

Pour 4 personnes

Préparation : 20 min

Cuisson : 20 min

8 feuilles de brick

2 courgettes

3 cuil. à soupe d'huile d'olive

2 pincées de curry indien doux

3 cuil. à soupe de lait de coco

2 cuil. à soupe de graines de sésame blanc

sel et poivre

Notes :

1 Lavez et coupez les courgettes en tout petits dés. Faites-les dorer dans une sauteuse, avec 1 cuillerée à soupe d'huile d'olive, pendant 5 minutes à feu moyen. Ajoutez le curry, le lait de coco, du sel et du poivre. Laissez cuire 5 minutes, en faisant réduire le jus.

2 Préchauffez le four à 180 °C (th. 6). Huilez les feuilles de brick très légèrement à l'aide d'un pinceau. Répartissez les courgettes au centre des feuilles de brick, et repliez-les pour obtenir des triangles ou des carrés. Saupoudrez de sésame blanc.

3 Faites cuire 10 minutes au four, le temps que les samoussas soient bien dorés. Dégustez chaud.

À grignoter en entrée, à l'apéro
ou en plat léger, avec une salade.

TARTINE
aux crudités

Pour 4 personnes

Préparation : 15 min

Cuisson : 5 min (facultatif)

4 belles tranches de pain de campagne

3 tomates allongées

1 carotte

2 kiwis

15 radis rouges

12 billes de mozzarella

100 g de fromage à tartiner

2 cuil. à soupe d'huile d'olive

sel et poivre

Notes : ....

1 **Lavez** les tomates et coupez-les en fines tranches. Pelez et lavez la carotte, puis coupez-la en tagliatelles à l'aide d'un économe. Pelez les kiwis et coupez-les en petits dés. Lavez et coupez les radis en rondelles.

2 **Égouttez** les billes de mozzarella et coupez-les en deux. Faites légèrement griller les tranches de pain au grille-pain (facultatif).

3 **Garnissez** chaque tranche de pain de fromage à tartiner, de tomate, de carotte, de kiwi, de radis et de mozzarella. Salez et poivrez légèrement, Arrosez chaque tranche d'un filet d'huile d'olive et dégustez aussitôt.

Une tartine riche en calcium
et en fibres !

POTATOES
de légumes au four

Pour 4 personnes

Préparation : 20 min

Cuisson : 20 min

3 belles pommes de terre à chair fondante

2 carottes

1 panais

1 petite patate douce à chair blanche

3 cuil. à soupe d'huile d'olive

4 pincées de mélange d'épices mexicain

sel

Notes : ....

....

....

1 Pelez, lavez et coupez les pommes de terre, les carottes, le panais et la patate douce en assez grosses frites, puis séchez-les soigneusement avec un torchon propre.

2 Préchauffez le four à 210 °C (th. 7). Placez les légumes dans un grand saladier. Ajoutez l'huile d'olive, le mélange d'épices et du sel. Mélangez, en brassant délicatement avec les mains.

3 Étalez les potatoes sur une plaque à pâtisserie sans les serrer, et faites cuire 20 minutes au four, en les retournant une ou deux fois en cours de cuisson.

Des potatoes légères à grignoter avec les doigts !

PIZZA
aux courgettes et aux lardons

Pour 4 personnes

Préparation : 20 min

Cuisson : 20 min

250 g de pâte à pizza du commerce

150 g de tomates cerises

2 courgettes

20 cl de coulis de tomates

250 g de mozzarella

80 g de lardons

poivre

Notes : ....

1 **Déroulez** la pâte à pizza et disposez-la sur une plaque à pâtisserie. Lavez les tomates et les courgettes. Coupez les tomates en deux. Découpez les courgettes en fines tagliatelles à l'aide d'un économe.

2 **Égouttez** la mozzarella, découpez-la en fines tranches. Préchauffez le four à 210 °C (th. 7).

3 **Nappez** la pâte à pizza de coulis de tomates. Ajoutez les tomates, les tagliatelles de courgette, les lardons et la mozzarella. Poivrez légèrement et faites cuire 20 minutes au four.

Vous pouvez aussi ajouter quelques olives.

TABOULÉ
sans semoule au thon

Pour 4 personnes

Préparation : 20 min

½ chou-fleur très frais

2 tomates

5 brins de ciboulette

100 g de thon au naturel

2 cuil. à soupe d'huile d'olive

le jus d'1 citron

sel et poivre

Notes : ....

....

....

1 Lavez le chou-fleur, puis râpez-le au robot pour obtenir une sorte de semoule. Rincez les tomates, coupez-les en dés. Rincez et hachez finement la ciboulette. Égouttez le thon.

2 Mélangez dans un saladier la semoule de chou-fleur, les dés de tomate, le thon, la ciboulette. Salez et poivrez, ajoutez l'huile d'olive et du jus de citron. Mélangez et servez aussitôt.

Une salade croquante pleine de vitamines !

LA PURÉE *tricolore*

Pour 4 personnes

Préparation : 25 min

Cuisson : 20 min

2 pommes de terre à purée

4 carottes

1 brocoli

3 cuil. à soupe de lait

30 g de beurre

sel et poivre

1 Lavez et pelez les pommes de terre et les carottes, puis coupez-les en morceaux. Rincez le brocoli et prélevez-en les fleurettes.

2 Faites cuire les légumes à la vapeur ensemble mais sans les mélanger, pendant 20 minutes.

3 Mixez séparément chaque légume, avec 1 cuillerée à soupe de lait et 10 g de beurre. Salez et poivrez. Vous pouvez aussi les écraser au presse-purée manuel.

4 Versez les purées, en trois couches, dans un plat transparent. Servez bien chaud.

Notes : ....

....

....

Vous pouvez aussi réaliser des verrines individuelles de purée.

PURÉE *de haricots verts et jambon gratinée*

Pour 4 personnes

Préparation : 10 min

Cuisson : 20 min

400 g de purée de haricots verts surgelée

400 g de purée de pommes de terre surgelée

200 g de jambon

40 g de noisettes

40 g de parmesan râpé

20 g de beurre

sel et poivre

1 Faites décongeler les deux purées séparément au four à micro-ondes ou à feu doux dans une casserole. Hachez le jambon et les noisettes.

2 Préchauffez le four à 180 °C (th. 6). Versez la purée de pommes de terre dans un plat à gratin. Répartissez par-dessus le jambon haché. Ajoutez la purée de haricots verts.

3 Lissez la surface, saupoudrez de parmesan et de noisettes hachées. Salez et poivrez, puis répartissez le beurre coupé en petits morceaux et passez au four 15 minutes.

Notes : ....

....

....

Si vous avez du temps, préparez **vous-même** les deux purées.

MESURES *utiles*

1 NOISETTE DE BEURRE =
4 grammes

1 NOIX DE BEURRE =
15 grammes

1 CUILLERÉE À SOUPE

= **15** grammes de sucre, farine ou beurre

= **12** grammes de crème fraîche ou huile

= **3** cl de liquide

= **3** cuillerées à café

1 CUILLERÉE À CAFÉ

= **5** grammes de sel, sucre ou beurre

= **7** grammes d'huile

= **0,5** cl de liquide

= **5** grammes de farine ou semoule

1 PINCÉE DE SEL =
0,3 à **0,5** gramme

1 MORCEAU DE SUCRE =
5 grammes

Économat

Dans le placard

Sels (sel fin, gros sel, fleur de sel, sels aromatisés) et **poivres** (noir ou exotique)

Huiles de goût neutre (maïs, tournesol, colza) ou parfumées (olive, noix...)

Vinaigres (blanc, rouge, balsamique, de xérès, de cidre...)

Lait (entier, allégé ou écrémé)

Crème liquide

Sucres (sucre semoule blanc ou roux, sucre glace)

Sauces asiatiques (soja, hoisin, teriyaki...)

Farine

Levure chimique

Cacao en poudre

Plaquettes de chocolat

Aides culinaires : bouillons et courts-bouillons déshydratés en cubes et en tablettes, gelée alimentaire en feuilles ou en poudre, fonds de veau ou de volaille, Maïzena®

Vanille (extrait ou gousse)

Riz, pâtes, semoules et céréales

Herbes

Épices

Fruits secs

Graines (sésame, lin, tournesol...)

Tomates en conserve

Ail, échalote, oignons et pommes de terre

Température du four

Thermostat	Température approximative
1	**30 °C** (à peine tiède)
2	**60 °C** (tiède)
3	**90 °C** (chaleur très douce)
4	**120 °C** (chaleur douce)
5	**150 °C** (chaleur modérée)
6	**180 °C** (chaleur moyenne)
7	**210 °C** (assez chaud)
8	**240 °C** (chaud)
9	**270 °C** (très chaud)
10	**300 °C** (chaleur vive)

Dans le réfrigérateur

Œufs

Beurre

Pâtes prêtes à l'emploi

Moutardes

Herbes fraîches

Gruyère et parmesan râpés

Super pratique !

Dans le congélateur

Herbes

Plats cuisinés

Légumes

TABLE *des recettes*

INDEX

Photographies et stylisme :
Amandine Honegger et Sylvie Rost

Directeur éditorial : **Didier Férat**
Édition : **Diane Monserat**
Graphisme et conception : **Julia Philipps**
Conception de la couverture : **Elodie Chaillous** / Adaptation : **Stéphanie Aparicio**
Mise en page : **Nord Compo**
Fabrication : **Laurence Duboscq**

Solar | un département **place des éditeurs**

place
des
éditeurs

ISBN : 978-2-263-15401-0
Code éditeur : S15401
Dépôt légal : janvier 2018
Imprimé en France par Imprimerie de Champagne